DYLAN
THOMAS
AUSGEWÄHLTE
GEDICHTE

Zweisprachige Ausgabe

Übersetzt von Erich Fried

Wilhelm Heyne Verlag München

HEYNE-BUCH Nr. 29/44
im Wilhelm Heyne Verlag, München

Herausgeber der Reihe »Heyne Lyrik«:
Manfred Kluge, München

Ausgewählt aus Collected Poems 1934–1952
J. M. Dent & Sons Ltd., London

Genehmigte, ungekürzte Taschenbuchausgabe
Copyright © 1952 The Trustees of the copyright
of the late Dylan Thomas
Copyright © 1967 Carl Hanser Verlag, München
Printed in Germany 1984
Umschlagfoto: Thomas Höpker/Agentur Hammann, München
Rückseitenfoto: Süddeutscher Verlag, Bilderdienst, München
Umschlaggestaltung: Christian Diener, München
Gesamtherstellung: Friedrich Pustet, Regensburg

ISBN: 3-453-850440

Ich habe irgendwo von einem Schäfer gelesen, der, als man ihn fragte, warum er in Elfenringen Gebete zum Mond um Schutz für seine Herde verrichte, antwortete: »Ich wär ein verdammter Narr, wenn ich's nicht tät.« Diese Gedichte, mit all ihren Unebenheiten, Zweifeln und Verwirrungen, sind aus Liebe für den Menschen und zum Ruhme Gottes geschrieben, und ich wär ein verdammter Narr, wenn sie's nicht wären.

Dylan Thomas
November 1952

Shall gods be said to thump the clouds

Shall gods be said to thump the clouds
When clouds are cursed by thunder,
Be said to weep when weather howls?
Shall rainbows be their tunics' colour?

When it is rain where are the gods?
Shall it be said they sprinkle water
From garden cans, or free the floods?

Shall it be said that, venuswise,
An old god's dugs are pressed and pricked,
The wet night scolds me like a nurse?

It shall be said that gods are stone.
Shall a dropped stone drum on the ground,
Flung gravel chime? Let the stones speak
With tongues that talk all tongues.

Solls heißen Götter schlagen auf Wolken

Solls heißen Götter schlagen auf Wolken
Wenn Wolken geplagt sind vom Donner?
Solls heißen sie weinen wenn Wetter heulen?
Solln Regenbogen die Farben sein ihrer Gewänder?

Wenns regnet, wo sollen die Götter sein?
Solls heißen daß sie mit Gießkannen Wasser
Sprengen, oder die Fluten befrein?

Solls heißen es wird wie bei Venus gemacht,
Eines alten Gotts Zitze wird gedrückt und gestochen,
Einer Amme gleich schimpft mich die nasse Nacht?

Es soll heißen Götter sind Stein.
Soll ein fallengelassener Stein trommeln am Boden?
Geworfener Schotter läuten? Laßt Steine sprechen
Mit Zungen die in allen Zungen reden.

Here in this spring

Here in this spring, stars float along the void;
Here in this ornamental winter
Down pelts the naked weather;
This summer buries a spring bird.

Symbols are selected from the years'
Slow rounding of four seasons' coasts,
In autumn teach three seasons' fires
And four birds' notes.

I should tell summer from the trees, the worms
Tell, if at all, the winter's storms
Or the funeral of the sun;
I should learn spring by the cuckooing,
And the slug should teach me destruction.

A worm tells summer better than the clock,
The slug's a living calendar of days;
What shall it tell me if a timeless insect
Says the world wears away?

In diesem Frühling hier

In diesem Frühling hier schwimmen Sterne am Nichts
In diesem Ziergartenwinter   [lang hinab;
Prasselt nieder das nackte Wetter;
Dieser Sommer legt einen Frühlingsvogel ins Grab.

Symbole werden gewählt aus des Jahres
Langsamer Rundfahrt um seiner vier Zeiten Ufer;
Im Herbst lehr dreier Jahreszeiten Feuer
Und vier Vogelrufe.

Ich sollt Sommer kennen an den Bäumen, die Würmer
Kennen, wenn etwas, des Winters Stürme
Oder der Sonne Begräbnis;
Ich sollt Frühling lernen wenn ich den Kuckuck höre,
Und die Wegschnecke sollt mich Zerstörung lehren.

Ein Wurm kennt Sommer besser als die Uhr,
Die Wegschnecke ist ein lebender Tageskalender;
Was solls mir sagen wenn ein zeitloses Insekt
Sagt die Welt geht zu Ende?

Was there a time

Was there a time when dancers with their fiddles
In children's circuses could stay their troubles?
There was a time they could cry over books,
But time has set its maggot on their track.
Under the arc of the sky they are unsafe.
What's never known is safest in this life.
Under the skysigns they who have no arms
Have cleanest hands, and, as the heartless ghost
Alone's unhurt, so the blind man sees best.

Gabs eine Zeit

Gabs eine Zeit als Tänzer mit ihren Geigen
Kindern in Zirkussen aufschieben konnten die Sorgen?
Vorzeiten konnten sie weinen über ein Buch,
Doch die Made der Zeit kriecht jetzt ihren Spuren nach.
Unsicher sind sie unter des Himmels Bogen.
Was unbekannt bleibt ist am sichersten in diesem Leben.
Unter den Himmelszeichen haben die ohne Arme
Die reinsten Hände, und wie der einzige Unverletzte
Der herzlose Geist ist, so sieht der Blinde am besten.

The hand that signed the paper

The hand that signed the paper felled a city;
Five sovereign fingers taxed the breath,
Doubled the globe of dead and halved a country;
These five kings did a king to death.

The mighty hand leads to a sloping shoulder,
The finger joints are cramped with chalk;
A goose's quill has put an end to murder
That put an end to talk.

The hand that signed the treaty bred a fever,
And famine grew, and locusts came;
Great is the hand that holds dominion over
Man by a scribbled name.

The five kings count the dead but do not soften
The crusted wound nor stroke the brow;
A hand rules pity as a hand rules heaven;
Hands have no tears to flow.

Die Hand die unterschrieb

Die Hand die unterschrieb hat eine Stadt ruiniert;
Fünf herrschende Finger brachten dem Atem Not,
Haben die Toten des Erdballs verdoppelt, ein Land halbiert;
Diese fünf Könige gaben einem König den Tod.

Zu einer fallenden Schulter führt die mächtige Hand,
Ihre Fingergelenke sind krampfig von Gicht;
Ein Gänsekiel machte dem Mord ein End',
Der hatte dem Gespräch ein End' gemacht.

Die Hand die unterschrieb brütete Fieber,
Und Hunger wuchs, Heuschrecken kamen;
Groß ist die Hand die Herrschaft ausübt über
Menschen durch einen Krähenfuß von Namen.

Die fünf Könige zählen die Toten, doch ohne die Stirne
Zu streicheln oder die krustige Wunde zu schließen;
Eine Hand regiert Mitleid wie eine Hand die Sterne;
Hände können keine Tränen vergießen.

Should lanterns shine

Should lanterns shine, the holy face,
Caught in an octagon of unaccustomed light,
Would wither up, and any boy of love
Look twice before he fell from grace.
The features in their private dark
Are formed of flesh, but let the false day come
And from her lips the faded pigments fall,
The mummy cloths expose an ancient breast.

I have been told to reason by the heart,
But heart, like head, leads helplessly;
I have been told to reason by the pulse,
And, when it quickens, alter the actions' pace
Till field and roof lie level and the same
So fast I move defying time, the quiet gentleman
Whose beard wags in Egyptian wind.

I have heard many years of telling,
And many years should see some change.

The ball I threw while playing in the park
Has not yet reached the ground.

Schienen Laternen

Schienen Laternen, das heilige Gesicht,
Gefangen in einem Achteck aus ungewohntem Licht,
Würde verschrumpfen, und jeder Junge der Liebe
Säh zweimal hin, eh er fiel aus dem Stand der Gnade.
Die Züge in ihrer heimlichen Dunkelheit
Sind geformt aus Fleisch, doch kommt erst der falsche Tag
Und fallen von ihren Lippen verblaßte Schminken,
Dann enthüllt das Mumiengewand eine alte Brust.

Mich lehrte man zu gehen nach dem Herzen,
Doch Herz, wie Kopf, führt unbeholfen an;
Mich lehrte man zu gehen nach dem Puls,
Und wenn er lebhafter wird, das Tempo der Handlung
Bis Feld und Dach in einer Ebene liegen;   [zu ändern
So überhol ich Schwager Zeit, den stillen Herren,
Sein Bart weht in Ägyptens Wind.

Ich habe viele Jahre des Lehrens gehört,
Und viele Jahre sollten einigen Wechsel sehen.

Der Ball, den ich beim Spielen warf im Park, hat
Noch nicht den Grund erreicht.

And death shall have no dominion

And death shall have no dominion.
Dead men naked they shall be one
With the man in the wind and the west moon;
When their bones are picked clean and the clean bones
They shall have stars at elbow and foot;   [gone,
Though they go mad they shall be sane,
Though they sink through the sea they shall rise again;
Though lovers be lost love shall not;
And death shall have no dominion.

And death shall have no dominion.
Under the windings of the sea
They lying long shall not die windily;
Twisting on racks when sinews give way,
Strapped to a wheel, yet they shall not break;
Faith in their hands shall snap in two,
And the unicorn evils run them through;
Split all ends up they shan't crack;
And death shall have no dominion.

And death shall have no dominion.
No more may gulls cry at their ears
Or waves break loud on the seashores;
Where blew a flower may a flower no more
Lift its head to the blows of the rain;
Though they be mad and dead as nails,
Heads of the characters hammer through daisies;
Break in the sun till the sun breaks down,
And death shall have no dominion.

Und dem Tod soll kein Reich mehr bleiben

Und dem Tod soll kein Reich mehr bleiben.
Die nackten Toten die sollen eins
Mit dem Mann im Wind und im Westmond sein;
Blankbeinig und bar des blanken Gebeins
Ruht ihr Arm und ihr Fuß auf Sternenlicht.
Wenn sie irr werden solln sie die Wahrheit sehn,
Wenn sie sinken ins Meer solln sie auferstehn.
Wenn die Liebenden fallen – die Liebe fällt nicht;
Und dem Tod soll kein Reich mehr bleiben.

Und dem Tod soll kein Reich mehr bleiben.
Die da liegen in Wassergewinden im Meer
Sollen nicht sterben windig und leer;
Nicht brechen die die ans Rad man flicht,
Die sich winden in Foltern, deren Sehnen man zerrt:
Ob der Glaube auch splittert in ihrer Hand
Und ob sie das Einhorn des Bösen durchrennt,
Aller Enden zerspellt, sie zerreißen nicht;
Und dem Tod soll kein Reich mehr bleiben.

Und dem Tod soll kein Reich mehr bleiben.
Keine Möwe mehr darf ins Ohr ihnen schrein
Keine Woge laut an der Küste versprühn;
Wo Blumen blühten darf sich keine mehr regen
Und heben den Kopf zu des Regens Schlägen;
Doch ob sie auch toll sind und tot wie Stein,
Ihr Kopf wird der blühende Steinbrech sein,
Der bricht auf in der Sonne bis die Sonne zerbricht,
Und dem Tod soll kein Reich mehr bleiben.

When all my five and country senses see

When all my five and country senses see,
The fingers will forget green thumbs and mark
How, through the halfmoon's vegetable eye,
Husk of young stars and handfull zodiac,
Love in the frost is pared and wintered by,
The whispering ears will watch love drummed away
Down breeze and shell to a discordant beach,
And, lashed to syllables, the lynx tongue cry
That her fond wounds are mended bitterly.
My nostrils see her breath burn like a bush.

My one and noble heart has witnesses
In all love's countries, that will grope awake;
And when blind sleep drops on the spying senses,
The heart is sensual, though five eyes break.

Wenn all meine fünf und ländlichen Sinne schaun

Wenn all meine fünf und ländlichen Sinne schaun,
Werden die Finger grüne Daumen vergessen und lernen
Wie durch des Sichelmondes Pflanzenaug,
Die Hülse von handvollem Tierkreis und jungen Sternen
Liebe im Frost für den Winter beschnitten wird;
Die flüsternden Ohren merken: man trommelt die Liebe fort
Längs der Brise und Muschel hinab zu einer mißtönenden
                                                  [Küste,
Und hören, an Silben gefesselt, die Luchszunge schrein
Daß ihre törichten Wunden nun bittere Narben seien.
Ihren Atem, der brennt wie ein Dornbusch, sehn meine
                                                  [Nüstern.

Mein ein' und edles Herz hat Zeugen wohnen
In allen Liebesländern, die tasten im Erwachen;
Und wenn blinder Schlaf auf die Sinne fällt die spionieren
Ist das Herz sinnlich, ob auch fünf Augen brechen.

After the funeral
(In memory of Ann Jones)

After the funeral, mule praises, brays,
Windshake of sailshaped ears, muffle-toed tap
Tap happily of one peg in the thick
Grave's foot, blinds down the lids, the teeth in black,
The spittled eyes, the salt ponds in the sleeves,
Morning smack of the spade that wakes up sleep,
Shakes a desolate boy who slits his throat
In the dark of the coffin and sheds dry leaves,
That breaks one bone to light with a judgment clout,
After the feast of tear-stuffed time and thistles
In a room with a stuffed fox and a stale fern,
I stand, for this memorial's sake, alone
In the snivelling hours with dead, humped Ann
Whose hooded, fountain heart once fell in puddles
Round the parched worlds of Wales and drowned each sun
(Though this for her is a monstrous image blindly
Magnified out of praise; her death was a still drop;
She would not have me sinking in the holy
Flood of her heart's fame; she would lie dumb and deep
And need no druid of her broken body).
But I, Ann's bard on a raised hearth, call all
The seas to service that her wood-tongued virtue
Babble like a bellbuoy over the hymning heads,
Bow down the walls of the ferned and foxy woods

Nach dem Begräbnis
(Zum Andenken an Ann Jones)

Nach dem Begräbnis, dem Maulesellob und -gewieher,
Dem Windwehn von Segellangohren, dem gedämpften
                              [Zehenspitztripp
Und Trapp des glücklichen einen Fußes mitten
Durch dick und dünn des Grabes, verhängten Lidern,
                              [Zähnen in Schwarz,
Nach speichligen Augen, nach Salzteichen in den Ärmeln,
Nach dem Morgengeklatsch des Spatens der weckt den
                              [Schlaf und der fest
Einen trostlosen Jungen rüttelt, der sich die Kehle
                              [durchschneidet
Im Dunkel des Sarges und dürres Laub fallen läßt,
Das einen Knochen ans Licht bricht mit Jüngstem
                              [Gerichtstagshieb;
Nach dem Schmaus von tränengestopfter Zeit und Disteln
                              [in einem Zimmer
Mit ausgestopftem Fuchs und abgestandenem Farn,
Steh ich um dieses Andenkens willen allein
In den wimmernden Stunden bei der toten, buckligen Ann,
Deren verkapptes Springbrunnenherz einst in Tümpeln fiel
Auf die dürren Welten von Wales und jede Sonne ersäufte
(Obwohl das für sie ein Ungeheuer von Bild ist, blindlings
Vergrößert vom Lob; ihr Tod war ein stiller Fall;
Sie würde nicht wollen, daß ich in die heilige
Flut ihres Herzensruhms sinke; sie läge stumm und tief
Und brauchte keinen Druiden ihres zerbrochenen Leibes).
Doch ich, Anns Barde an einem erhöhten Herd, ruf alle
Meere zur Andacht, daß Anns holzzüngige Tugend
Lalle wie eine Läutboje über den hymnenden Köpfen
Und zu Boden beuge die Wände der farnig-füchsischen
                              [Wälder,

That her love sing and swing through a brown chapel,
Bless her bent spirit with four, crossing birds.
Her flesh was meek as milk, but this skyward statue
With the wild breast and blessed and giant skull
Is carved from her in a room with a wet window
In a fiercely mourning house in a crooked year.
I know her scrubbed and sour humble hands
Lie with religion in their cramp, her threadbare
Whisper in a damp word, her wits drilled hollow,
Her fist of a face died clenched on a round pain;
And sculptured Ann is seventy years of stone.
These cloud-sopped, marble hands, this monumental
Argument of the hewn voice, gesture and psalm,
Storm me forever over her grave until
The stuffed lung of the fox twitch and cry Love
And the strutting fern lay seeds on the black sill.

Daß ihre Liebe singe und schwinge durch eine braune
[Kapelle,
Ihr verbogener Geist sei gesegnet mit vier sich kreuzenden
[Vögeln.
Ihr Fleisch war mild wie Milch, doch dies Denkmal gen
[Himmel
Mit wilder Brust und gesegnetem riesigem Schädel
Ist geschnitten aus ihr in einem Raum mit einem nassen
[Fenster
In einem lichterloh flennenden Haus in dem krummen Jahr.
Ich weiß, ihre gewaschenen demütig-sauren Hände
Liegen mit ihrem Glauben im Krampf; ich hör
Ihr abgeschabtes Flüstern, ein feuchtes Wort, ihr
[durchlöchertes Denken;
Ihre Faust von Gesicht starb geballt um ein rundes
[Schmerzengestöhn;
Und die gemeißelte Ann ist ein Jahrsiebzig aus Stein.
Diese in Wolken getauchten marmornen Hände, dies
[monumentale
Argument aus gehauener Stimme, Geste und Psalm,
Das bestürmt mich immerzu über ihrem Grabe bis einst
Die ausgestopfte Lunge des Fuchses zuckt und ruft: Liebe
Und der stolzierende Farn legt Samen aufs schwarze
[Gesims.

On no work of words

On no work of words now for three lean months in
                                                    [the bloody
Belly of the rich year and the big purse of my body
I bitterly take to task my poverty and craft:

To take to give is all, return what is hungrily given
Puffing the pounds of manna up through the dew to
                                                    [heaven,
The lovely gift of the gab bangs back on a blind shaft.

To lift to leave from the treasures of man is pleasing
                                                    [death
That will rake at last all currencies of the marked breath
And count the taken, forsaken mysteries in a bad dark.

To surrender now is to pay the expensive ogre twice.
Ancient woods of my blood, dash down to the nut of
                                                    [the seas
If I take to burn or return this world which is each
                                                    [man's work.

Ohne Arbeit am Wortwerk

Ohne Arbeit am Wortwerk drei magere Monate schon in
[des fetten
Jahres blutigem Bauch, meines Leibs großen Beutel zu
[füttern,
Rechte ich bitter mit meinem Bettel von brotloser Kunst:

Zum Geben nehmen ist alles, dann wieder die hungrigen
[Gaben,
Die Pfunde von Manna auf mit dem Tau verpaffen nach
[oben,
Das leckere lockere Maul klatscht zurück in den blinden
[Wanst.

Zum Hinterlassen fassen des Menschen Gut heißt den
[Tod erfreun,
Der streicht alle Währungen des gezeichneten Atems am
[Ende ein
Und zählt die ergriffnen verpfiffnen Mysterien im
[Dunkel das arg ist.

Sich da ergeben heißt den teueren Oger zweimal bezahlen.
Meines Blutes uralte Wälder, schlagt hinab in des
[Meereskerns Wellen,
Wenn ich verbrenn oder nicht mehr bekenn diese Welt
[die jedermanns Werk ist.

»If my head hurt a hair's foot«

»If my head hurt a hair's foot
Pack back the downed bone. If the unpricked ball of my
Bump on a spout let the bubbles jump out.   [breath
Sooner drop with the worm of the ropes round my throat
Than bully ill love in the clouted scene.

All game phrases fit your ring of a cockfight:
I'll comb the snared woods with a glove on a lamp,
Peck, sprint, dance on fountains and duck time
Before I rush in a crouch the ghost with a hammer, air,
Strike light, and bloody a loud room.

If my bunched, monkey coming is cruel
Rage me back to the making house. My hand unravel
When you sew the deep door. The bed is a cross place.
Bend, if my journey ache, direction like an arc or make
A limp and riderless shape to leap nine thinning months.«

Krümmt mein Kopf
einem Haar nur den Fuß

»Krümmt mein Kopf einem Haar nur den Fuß,
Stau den flaumigen Knochen zurück! Bockt der
[unangestochene Ball
Meines Atems auf einem Strahl, laß die Blasen platzen im
[Fall!
Lieber fallen gehenkt am Hals von dem Wurm aus Strängen
Als auf dem geschlagenen Schauplatz schlechte Liebe zu
[zwingen.

Alle Worte im Spiel passen in deinen Hahnenkampfring:
Ich durchsuche die Wälder voll Fallen mit dem Handschuh
[an einer Laterne,
Peck, spring und tanz auf dem Springbrunnen, drück vor
[der Zeit mich,
Eh ich geduckt das Gespenst überrenn mit dem Hammer,
[auf Luft und
Licht stoß und blutig mach einen Raum voller Leute.

Ist mein geducktes äffisches Kommen grausam,
Wüt mich zurück ins Zeughaus: meine Hand fasere auf
Und vernäh die tiefe Tür! Das Bett ist bös, eine Kreuzstatt.
Tut mein nahender Schädel weh, verbieg meine Richtung
[zum Bogen:
Laß die reiterlos schlaffe Gestalt durch neun abmagernde
[Monate fliegen!«

»No. Not for Christ's dazzling bed
Or a nacreous sleep among soft particles and charms
My dear would I change my tears or your iron head.
Thrust, my daughter or son, to escape, there is none,
                                        [none, none,
Nor when all ponderous heaven's host of waters breaks.

Now to awake husked of gestures and my joy like a
                                        [cave
To the anguish and carrion, to the infant forever unfree,
O my lost love bounced from a good home;
The grain that hurries this way from the rim of the
                                        [grave
Has a voice and a house, and there and here you must
                                        [couch and cry.

Rest beyond choice in the dust-appointed grain,
At the breast stored with seas. No return
Through the waves of the fat streets nor the skeleton's
                                        [thin ways.
The grave and my calm body are shut to your coming
                                        [as stone,
And the endless beginning of prodigies suffers open.«

»Nein! Ich wollt nicht um Christi blendendes Bett,
Auch um Perlmutterschlaf unter weichen Stäubchen und
[Lockungen nicht,
Daß ich meine Tränen und deinen eisernen Kopf, mein
[Liebes, nicht hätt!
Stoß, meine Tochter, mein Sohn! Stoß dich frei! Nein,
[das geht nicht, nein, nein,
Auch nicht, wenn das schwere himmlische Heer aller
[Wasser bricht.

Nun dein Erwachen, aus meiner Lust wie aus einer Höhle
[gestoßen
Zur Kindheit, auf ewig unfrei, Erwachen zu Angst und Aas,
Du mein verlorenes Lieb, verstoßen aus gutem Haus!
Den Weg von des Grabes Rand läuft das Korn daher und
[dahin alle Straßen
Und hat Stimme und Haus, und dort und da mußt du
[liegen und schrein.

Rast wahllos im für den Rost bestimmten Korn,
An der Brust, die mit Meeren versorgt ist. Rückweg wird
[keiner sein,
Nicht auf fetter Straßen Wogen noch auf des Gerippes
[mageren Wegen.
Das Grab und mein ruhiger Leib sind versperrt für dein
[Kommen wie Stein,
Und der endlose Anfang der Kindwunder duldet offen.«

Twenty-four years

Twenty-four years remind the tears of my eyes.
(Bury the dead for fear that they walk to the grave in
[labour.)
In the groin of the natural doorway I crouched like a
Sewing a shroud for a journey   [tailor
By the light of the meat-eating sun.
Dressed to die, the sensual strut begun,
With my red veins full of money,
In the final direction of the elementary town
I advance for as long as forever is.

Vierundzwanzig Jahre

Vierundzwanzig Jahre erinnern die Tränen an meine
                                       [Augen.
(Bestattet die Toten aus Angst. Sie gehn sonst zu Grab in
                                       [Wehen.)
Im rippengewölbten Tor der Natur wie ein Schneider beim
Hockte ich vor einem Totenhemd für eine Reise   [Nähen
Im Schein der fleischfressenden Sonne.
Angetan zum Sterben stolzieren die Sinne:
Mit meinen roten Adern drin Geld läuft im Kreise
Nehme ich zur Urstadt den endlichen Weg
Und gehe vor solange das Immer dauert.

A Refusal to Mourn the Death, by Fire, of a Child in London

Never until the mankind making
Bird beast and flower
Fathering and all humbling darkness
Tells with silence the last light breaking
And the still hour
Is come of the sea tumbling in harness

And I must enter again the round
Zion of the water bead
And the synagogue of the ear of corn
Shall I let pray the shadow of a sound
Or sow my salt seed
In the least valley of sackcloth to mourn

The majesty and burning of the child's death.
I shall not murder
The mankind of her going with a grave truth
Nor blaspheme down the stations of the breath
With any further
Elegy of innocence and youth.

Deep with the first dead lies London's daughter,
Robed in the long friends,
The grains beyond age, the dark veins of her mother,
Secret by the unmourning water
Of the riding Thames.
After the first death, there is no other.

Weigerung den Flammentod eines Kindes in London zu betrauern

Nie solang nicht die menschheitgebärende
Vieh Vogel Pflanze
Zeugende und alles beugende Dunkelheit
Mit Schweigen das letzte Licht verkündet das alles
Und nicht die ganze   [klärende
Stille des angeschirrt taumelnden Meeres schreit

Und ich wieder hinein muß in das runde
Zion des Wassertropfens gehen
Und in der Kornähre Synagogenmauern
Will ich den Schatten eines Tones beten lassen aus
Noch meinen Salzsamen säen   [meinem Munde
Ins kleinste Tal aus Sack und Asche um zu betrauern

Die Majestät und den Brand von dieses Kindes Tod.
Ich will nicht die Menschheit morden
Ihres Leidensweges mit einer grabschweren Wahrheit
Noch lästern alle Stationen der Atemnot   [im Schoß
Mit weiteren Worten
Der Klage um der Unschuld und Jugend Los.

Londons Tochter liegt tief bei den ersten Toten,
Umhegt von den langen Freunden, dem Korn das dauert
Jenseits der Zeit, ihrer Mutter schwarzen Adern von
                                        [allen Seiten,
Heimlich an der fahrenden Themse mit ihren Booten
Deren Wasser nicht trauert.
Nach dem ersten Tod gibt es keinen zweiten.

Poem in October

It was my thirtieth year to heaven
Woke to my hearing from harbour and neighbour wood
   And the mussel pooled and the heron
       Priested shore
     The morning beckon
With water praying and call of seagull and rook
And the knock of sailing boats on the net webbed wall
   Myself to set foot
     That second
  In the still sleeping town and set forth.

My birthday began with the water-
Birds and the birds of the winged trees flying my name
   Above the farms and the white horses
      And I rose
     In rainy autumn
And walked abroad in a shower of all my days.
High tide and the heron dived when I took the road
   Over the border
     And the gates
  Of the town closed as the town awoke.

Gedicht im Oktober

Es war mein dreißigstes Jahr gen Himmel
Das wachte auf als ich hörte vom Hafen und Nachbarwald
   Und vom muschelgeteichten und reiher-
      Gepriesterten Strand
    Des Morgens Locken
Mit Gebeten des Wassers und Rufen der Seemöwe und
                    [der Krähe
Und dem Pochen von Segelbooten an die netze-verfitzte
   Daß ich gehe   [Wand
    Ohne zu stocken
   Durch die noch schlafende Stadt hinaus ins Land.

Mein Geburtstag fing an mit den Wasser-
Vögeln und Vögeln geflügelter Bäume die flogen meinen
                    [Namen
   Über den Bauernhöfen und über den weißen Rossen
    Und ich stand auf
   Im Regenherbst
Und ging hinaus in einen Schauer all meiner Tage.
Flut wars und der Reiher tauchte als ich den Weg nahm
    Über die Grenze
    Und die Tore
   Der Stadt beim Erwachen der Stadt sich schlossen.

A springful of larks in a rolling
Cloud and the roadside bushes brimming with whistling
   Blackbirds and the sun of October
       Summerly
    On the hill's shoulder,
Here were fond climates and sweet singers suddenly
Come in the morning where I wandered and listened
    To the rain wringing
      Wind blow cold
   In the wood faraway under me.

Pale rain over the dwindling harbour
And over the sea wet church the size of a snail
   With its horns through mist and the castle
      Brown as owls
    But all the gardens
Of spring and summer were blooming in the tall tales
Beyond the border and under the lark full cloud.
    There could I marvel
      My birthday
   Away but the weather turned around.

It turned away from the blithe country
And down the other air and the blue altered sky
   Streamed again a wonder of summer
      With apples
    Pears and red currants
And I saw in the turning so clearly a child's
Forgotten mornings when he walked with his mother
    Through the parables
      Of sun light
   And the legends of the green chapels

Ein Frühling voll Lerchen in einer kollernden
Wolke und Straßenrandsträucher wimmelnd von singenden
   Amseln und die Oktobersonne
      Sommerlich
      Auf des Hügels Kuppe,
Da waren linde Lüfte und süße Sänger mit einem Mal
Gekommen am Morgen durch den ich ging und lauschte
   Dem regenauswindenden
     Wind der blies kalt
  Im Wald tief unter mir im Tal.

Fahler Regen über dem schwindenden Hafen
Und über der seenassen Kirche schneckenklein
   Mit ihren Hörnern im Dunst und über dem Schloß
     Eulenbraun:
   Doch alle Gärten
Des Frühlings und Sommers blühten in großen Sagen
Jenseits der Grenze und unter der Wolke voll Lerchen.
   Dort konnt ich mit Staunen
    Meinen Geburtstag
  Vertun – doch das Wetter wendete sich um.

Es wendete sich ab von dem heiteren Lande
Und die andere Luft und den blauen veränderten Himmel
   Strömte es wieder als Wunder von Sommer   [entlang
    Voll Äpfeln
  Birnen und roten Beeren
Und in der Wendung sah ich so deutlich eines Kindes
Vergessene Morgen als es mit der Mutter den Gang
   Durch die Parabeln
    Des Sonnenscheins ging
  Und durch die Legenden der grünen Kapellen

And the twice told fields of infancy
That his tears burned my cheeks and his heart moved
    These were the woods the river and sea   [in mine.
        Where a boy
        In the listening
Summertime of the dead whispered the truth of his joy
To the trees and the stones and the fish in the tide.
        And the mystery
            Sang alive
        Still in the water and singingbirds.

And there could I marvel my birthday
Away but the weather turned around. And the true
    Joy of the long dead child sang burning
        In the sun.
        It was my thirtieth
Year to heaven stood there then in the summer noon
Though the town below lay leaved with October blood.
        O may my heart's truth
            Still be sung
        On this high hill in a year's turning.

Und durch die zweimal erzählten Felder der Kindheit
[daß seine Tränen
Meine Wangen brannten und sein Herz in meinem sich
Das waren die Wälder der Fluß und die See   [regte.
    Wo ein Knabe
    Im horchenden
Sommer der Toten die Wahrheit von seiner Freude sagte
Flüsternd den Bäumen und Steinen und Fischen in
    Und das Geheimnis   [der Flut.
        Lebte und klang
    Noch immer weiter in Wasser und Singvogelsang.

    Und dort konnte ich meinen Geburtstag
Verstaunen. Aber das Wetter wendete sich und die wahre
    Freude des lange toten Kindes sang brennend klar
        In der Sonne.
        Es war mein dreißigstes
Jahr gen Himmel das dort stand im Sommermittag
Ob auch unten die Stadt belaubt voll Oktoberblut lag.
    O daß meines Herzens Wahrheit
        Gesungen werden mag
    Auf diesem hohen Hügel auch noch in einem Jahr.

Love in the Asylum

A stranger has come
To share my room in the house not right in the head,
A girl mad as birds

Bolting the night of the door with her arm her plume.
Strait in the mazed bed
She deludes the heaven-proof house with entering clouds

Yet she deludes with walking the nightmarish room,
At large as the dead,
Or rides the imagined oceans of the male wards.

She has come possessed
Who admits the delusive light through the bouncing wall,
Possessed by the skies

She sleeps in the narrow trough yet she walks the dust
Yet raves at her will
On the madhouse boards worn thin by my walking tears.

And taken by light in her arms at long and dear last
I may without fail
Suffer the first vision that set fire to the stars.

Liebe im Irrenhaus

    Es kam eine Fremde
Die teilt nun mein Zimmer im Haus das im Kopf etwas hat,
    Ein Mädchen so toll wie die Staren

Die verriegelt die Nacht der Tür mit dem Federkleid ihrer
    Stocksteif im Irrwegbett   [Hände.
Spinnt sie ins himmelsichere Haus ihre Wolkenscharen

Ja spinnt durch ihr Umgehn im Albtraum von Zimmer
    Eine Freiheit so groß wie der Tod   [am Ende
Und geht eingebildete Meere der Männerabteilung
                    [befahren.
    Sie ist besessen gekommen,
Sie gibt zu sie nimmt das spinnende Licht durch die
    Besessen von allen Himmeln   [federnde Wand wahr,

Schläft sie im engen Trog doch hat Freiheit des Umgehns
    Ja, sie rast nach Begehr   [gewonnen,
Auf Narrenhausdielen die dünn sind weil dort meine
                [Tränen sich tummeln.

Und vom Licht nun zu guter Letzt in ihre Arme genommen
    Darf ich unfehlbar
Das erste Gesicht erdulden das setzte die Sterne in
                [Flammen.

The Hunchback in the Park

The hunchback in the park
A solitary mister
Propped between trees and water
From the opening of the garden lock
That lets the trees and water enter
Until the Sunday sombre bell at dark

Eating bread from a newspaper
Drinking water from the chained cup
That the children filled with gravel
In the fountain basin where I sailed my ship
Slept at night in a dog kennel
But nobody chained him up.

Like the park birds he came early
Like the water he sat down
And Mister they called Hey mister
The truant boys from the town
Running when he had heard them clearly
On out of sound

Past lake and rockery
Laughing when he shook his paper
Hunchbacked in mockery
Through the loud zoo of the willow groves
Dodging the park keeper
With his stick that picked up leaves.

Der Bucklige im Park

Der Bucklige im Park
Ein Mister den man alleinließ
Eingepfropft zwischen Bäumen und Wasser
Vom Öffnen der Gartenschleuse
Die Bäume und Wasser einließ
Bis zum Ruf der Abendglocke den Park zu verlassen

Aß Brot aus einer Zeitung
Trank Wasser aus dem Becher an der Kette
Den die Kinder mit Sand vollschütten
Im Brunnenbecken wo mein Schiff schwamm um die Wette
Er schlief bei Nacht in einer Hundehütte
Doch niemand der ihn angekettet hätte.

Wie die Parkvögel kam er zeitig
Wie das Wasser setzte er sich hin
Und *Mister – He Mister* riefen
Die Stadtschulschwänzer ihn
Um dann weiter geschmeidig
Außer Rufweite zu fliehn

Zwischen Teich und Felsengrotte.
Drohte er mit der Zeitung gabs Gelächter
Sie liefen bucklig zum Spotte
Durch den Zoo-Lärm der Weidenalleen
Um dem Stock mit dem der Parkwächter
Blätter aufspießt zu entgehn.

And the old dog sleeper
Alone between nurses and swans
While the boys among willows
Made the tigers jump out of their eyes
To roar on the rockery stones
And the groves were blue with sailors

Made all day until bell time
A woman figure without fault
Straight as a young elm
Straight and tall from his crooked bones
That she might stand in the night
After the locks and chains

All night in the unmade park
After the railings and shrubberies
The birds the grass the trees the lake
And the wild boys innocent as strawberries
Had followed the hunchback
To his kennel in the dark.

Und der alte Hundeübernächter
Allein zwischen Bonnen und Schwänen
Und Jungen in den Weiden die die losen
Tiger aus ihren Augen springen ließen
Um zu brüllen auf Ufersteinen –
Und abseits der Alleen blau von Matrosen

Machte den ganzen Tag bis zum Glockenzeichen
Einen Frauenleib, frei von Fehlern
Aufrecht wie ein junger Baum
Aufrecht und schlank aus seinen krummen Knochen
Daß sie die Nacht lang stünde ununterbrochen –
Nach den Schleusenschlössern und Ketten und Quälern

Die ganze Nacht im ungemachten Park
Nachdem die Gitter und Sträucher efeuumschlungen
Die Vögel Steine Gräser die er barg
Und die wie Erdbeeren unschuldig wilden Jungen
Dem Buckligen nachgefolgt waren
Zu seiner Hundehütte dunklem Sarg.

On a Wedding Anniversary

The sky is torn across
This ragged anniversary of two
Who moved for three years in tune
Down the long walks of their vows.

Now their love lies a loss
And Love and his patients roar on a chain;
From every true or crater
Carrying cloud, Death strikes their house.

Too late in the wrong rain
They come together whom their love parted:
The windows pour into their heart
And the doors burn in their brain.

Auf einen Hochzeitstag

Ein Riß im Himmel quer
Durch den zerfetzten Hochzeitstag der zwei
Die schritten drei Jahre im Takt um die Wette
Die langen Wege ihrer Schwüre aus.

Nun stellt nichts ihre Liebe mehr her
Und Amor und seine Kranken schrein an der Kette;
Aus jeder wahren oder Krater
Tragenden Wolke schlägt Tod ein in ihr Haus.

Zu spät im Wetter der Wirrn
Kommen die ihre Liebe trennte zusammen:
Die Fenster schütten Regen in ihre Herzkammern
Und die Türen brennen in ihrem Hirn.

There was a Saviour

There was a saviour
Rarer than radium,
Commoner than water, crueller than truth;
Children kept from the sun
Assembled at his tongue
To hear the golden note turn in a groove,
Prisoners of wishes locked their eyes
In the jails and studies of his keyless smiles.

The voice of children says
From a lost wilderness
There was calm to be done in his safe unrest,
When hindering man hurt
Man, animal, or bird
We hid our fears in that murdering breath,
Silence, silence to do, when earth grew loud,
In lairs and asylums of the tremendous shout.

There was glory to hear
In the churches of his tears,
Under his downy arm you sighed as he struck,
O you who could not cry
On to the ground when a man died
Put a tear for joy in the unearthly flood
And laid your cheek against a cloud-formed shell:
Now in the dark there is only yourself and myself.

Es war Einer voll Gnaden

Es war einer voll Gnaden
Seltner als Radium,
Gemeiner als Wasser, grausamer als Wahrheit.
Kinder, verbannt aus der Sonne
Kamen zu seinem Munde
Um den goldenen Ton erschließen zu hören die Klarheit;
Gefangene von Wünschen sperrten ihre Augen
In die schlüssellosen Kerker seiner lächelnden Schweigen.

Es sagt der Kinder Wort
Aus verlorenem Wüstenort,
Es sei Rast zu halten in seiner sicheren Unrast Bereich.
Wenn der hindernde Mensch zuletzt
Mensch, Tier und Vogel verletzte
Duckten wir unsere Ängste in jenen mordenden Hauch,
Zu schweigen, zu schwelgen in Schweigen, wenn die
                              [Erde laut wurde rings,
In Horsten und Zufluchtsorten des ungeheueren Schreins.

Da wars ruhmreich zu horchen
In seiner Tränen Kirchen,
Unterm Flaum seines Armes seufztest du wenn er schlug;
O du dessen Träne nicht fiel
Wenn ein Mensch starb am Boden vor dir
Warfst eine Freudenträne in die unirdische Flut
Und deine Wange lag an einer wolkenförmigen Muschel:
Nun bist nur du und ich allein im Dunkel.

Two proud, blacked brothers cry,
    Winter-locked side by side,
To this inhospitable hollow year,
    O we who could not stir
    One lean sigh when we heard
Greed on man beating near and fire neighbour
But wailed and nested in the sky-blue wall
Now break a giant tear for the little known fall,

    For the drooping of homes
    That did not nurse our bones,
Brave deaths of only ones but never found,
    Now see, alone in us,
    Our own true strangers' dust
Ride through the doors of our unentered house.
Exiled in us we arouse the soft,
Unclenched, armless, silk and rough love that breaks
                                [all rocks.

Brüder, geschwärzt und stolz, schrein
Winterumklammert zu zwein
Zu diesem ungastlichen hohlen Jahr hinauf:
Ach wir die weinten nie
Wenn wir auch hörten wie
Habsucht den Nachbar schlug und warf in Brand sein
Nur klagend nisteten in himmelblauer Wand   [Haus,.
Brechen nun Riesentränen um den Sturz den keiner kennt,

Um jener Häuser Legen,
Die nicht unsre Knochen pflegten,
Um Tode Einziger die wir nie erfuhren,
Seht, allein durch unsre Hände
Ziehn mit unsrem Staub nun Fremde
Ein durch unsres unbetretnen Hauses Türen.
Verbannt in uns wecken wir Liebe, sacht,
Ungeballt, seidig-rauh, waffenlos, die alle Felsen bricht.

In my Craft or Sullen Art

In my craft or sullen art
Exercised in the still night
When only the moon rages
And the lovers lie abed
With all their griefs in their arms,
I labour by singing light
Not for ambition or bread
Or the strut and trade of charms
On the ivory stages
But for the common wages
Of their most secret heart.

Not for the proud man apart
From the raging moon I write
On these spindrift pages
Nor for the towering dead
With their nightingales and psalms
But for the lovers, their arms
Round the griefs of the ages,
Who pay no praise or wages
Nor heed my craft or art.

Mein Handwerk meine trübe Kunst

Mein Handwerk meine trübe Kunst
In der Nacht die Stille bringt
Wenn nur der Mond wütet
Und die Liebenden im Bett halten Not
Und allen Kummer im Arm,
Üb ich bei Licht das singt –
Nicht für Ruhm oder Brot
Oder prahlenden Zauberschwarm
Auf Elfenbeinbühnen behütet
Nein meine Mühe vergütet
Ihres heimlichsten Herzens Gunst.

Für den Stolzen der fernbleibt der Brunst
Des wütenden Monds schreib ich nicht
Auf diese Schaumwirbelseiten
Noch für jene die ragen im Tod
Mit Nachtigallen und Psalmen,
Nur für Liebende in deren Armen
Liegen die Leiden der Zeiten
Und die mir nicht Feste bereiten
Und nicht achten auf meine Kunst.

Ballad of the Long-legged Bait

The bows glided down, and the coast
Blackened with birds took a last look
At his thrashing hair and whale-blue eye;
The trodden town rang its cobbles for luck.

Then good-bye to the fishermanned
Boat with its anchor free and fast
As a bird hooking over the sea,
High and dry by the top of the mast,

Whispered the affectionate sand
And the bulwarks of the dazzled quay.
For my sake sail, and never look back,
Said the looking land.

Sails drank the wind, and white as milk
He sped into the drinking dark;
The sun shipwrecked west on a pearl
And the moon swam out of its hulk.

Funnels and masts went by in a whirl.
Good-bye to the man on the sea-legged deck
To the gold gut that sings on his reel
To the bait that stalked out of the sack,

For we saw him throw to the swift flood
A girl alive with his hooks through her lips;
All the fishes were rayed in blood,
Said the dwindling ships.

Ballade vom langbeinigen Köder

Der Bug glitt hinunter und die Küste
Von Vögeln schwarz sah zum letzten Mal
Sein peitschendes Haar und sein walblaues Auge;
Das getretene Pflaster der Stadt erklang auf sein Wohl.

Dann leb wohl du fischerbemanntes
Boot das den Anker lichtet und braßt
Wie ein Vogel der über die See hin
Hoch und trocken streicht um den Mast

Flüsterte liebevoll der Sand
Und die Bollwerke am geblendeten Kai.
Mir zulieb fahr und nie schau zurück
Sagte das schauende Land.

Segel tranken den Wind, weiß wie Milch
Glitt er hinein in die trinkende Nacht;
Die Sonne litt Schiffbruch auf einer Perle
Und im Westen der Mond schwamm heraus aus dem Wrack.

Schlote und Masten entglitten im Wirbel.
Leb wohl zum Mann auf seebeinigem Deck
Zur singenden Angelschnur auf seiner Haspel
Zum Köder der schritt aus seinem Sack –

Denn wir sahn er warf lebend in die strudelnde Flut
Ein Mädchen; sein Haken ging durch ihre Lippe,
Alle Fische waren umstrahlt vom Blut –
Sagten die schwindenden Schiffe.

Good-bye to chimneys and funnels,
Old wives that spin in the smoke,
He was blind to the eyes of candles
In the praying windows of waves

But heard his bait buck in the wake
And tussle in a shoal of loves.
Now cast down your rod, for the whole
Of the sea is hilly with whales,

She longs among horses and angels,
The rainbow-fish bend in her joys,
Floated the lost cathedral
Chimes of the rocked buoys.

Where the anchor rode like a gull
Miles over the moonstruck boat
A squall of birds bellowed and fell,
A cloud blew the rain from its throat;

He saw the storm smoke out to kill
With fuming bows and ram of ice,
Fire on starlight, rake Jesu's stream;
And nothing shone on the water's face

But the oil and bubble of the moon,
Plunging and piercing in his course
The lured fish under the foam
Witnessed with a kiss.

Whales in the wake like capes and Alps
Quaked the sick sea and snouted deep,
Deep the great bushed bait with raining lips
Slipped the fins of those humpbacked tons

Lebt wohl, Schlote und alte Vetteln
Die im Rauch ihre Spindeln drehn,
Er war blind für die Augen der Kerzen
In den betenden Fenstern der Seen

Er hörte nur seinen Köder sich spreizen
In einem Schwarm von Geliebten in Wellen.
Nun wirf deine Rute aus, denn die ganzen
Fluten der See sind Hügel von Walen!

Sie sehnt sich nach Pferden und Engeln
Wenn sich Buntfische krumm in ihr freuen,
Verwehte verloren das Kirchturm-
Geläut der geschaukelten Bojen.

Wo der Anker meilenweit über den Segeln
Des mondsüchtigen Bootes stand
Kreischte und fiel eine Bö von Vögeln;
Eine Wolke blies Regen aus ihrem Schlund.

Er sah den Sturm zum Mord aufschwelen
Mit rauchendem Bug und Rammsporn aus Eis,
Auf die Sterne feuern, in der Milchstraße wühlen,
Und nichts mehr schien auf dem Wasser weiß

Als das Öl und die Blase des Mondes
Und bohrend und tauchend in seinem Kurs
Die verführten Fische unter dem Schaum
Die dran glaubten mit einem Kuß.

Wale im Wasser wie Inseln und Alpen
Machten die See krank vor Ungestüm.
Der Köder entglitt mit triefenden Lippen
Haarbreit den Flossen der Ungetüme

And fled their love in a weaving dip.
Oh, Jericho was falling in their lungs!
She nipped and dived in the nick of love,
Spun on a spout like a long-legged ball

Till every beast blared down in a swerve
Till every turtle crushed from his shell
Till every bone in the rushing grave
Rose and crowed and fell!

Good luck to the hand on the rod,
There is thunder under its thumbs;
Gold gut is a lightning thread,
His fiery reel sings off its flames,

The whirled boat in the burn of his blood
Is crying from nets to knives,
Oh the shearwater birds and their boatsized brood
Oh the bulls of Biscay and their calves

Are making under the green, laid veil
The long-legged beautiful bait their wives.
Break the black news and paint on a sail
Huge weddings in the waves,

Over the wakeward-flashing spray
Over the gardens of the floor
Clash out the mounting dolphin's day,
My mast is a bell-spire,

Strike and smoothe, for my decks are drums,
Sing through the water-spoken prow
The octopus walking into her limbs
The polar eagle with his tread of snow.

Und floh ihre Liebe in schlenkerndem Tauchen.
Oh, Jericho stürzte in ihren Lungen!
Sie kam, von keinem Maul zu erreichen,
Als langbeiniger Ball auf den Schnauzen gesprungen

Bis jedes Tier zu ihr hinab röhrte,
Jede Kröte den Schild brach und nahm sie zum Ziel
Bis jeder Knochen im Flutgrab sich rührte
Und stand und krähte und fiel!

Viel Glück seiner Hand an der Rute!
Sie hat Donner unter dem Daumen.
Seine Angelschnur ist eine Fährte
Für den Blitz, seine Haspel singt Flammen.

Das Boot wirbelt im Strudel seines brennenden Blutes,
Von Netzen zu Messern ein einziger Schrei:
O die Wasserschervögel, ihre gierigen Bruten,
O die Stiere und Stierkälber von Biskaya

Wie die unterm grünen, gebreiteten Schleier
Zum langbeinig schönen Köder sich legen!
Mal schwarz auf ein weißes Segel die Feier
Der riesigen Hochzeiten in den Wogen!

Über dem Gischt der im Kielwasser glänzt
Über den Gärten im Grund läute Sturm,
Übertöne den Hochzeitstagsprung des Delphins;
Mein Mast ist ein Glockenturm!

Schlag und halt straff! mein Deck ist die Trommel!
Sing durch den wasserplappernden Bug
Wie der Krake in ihren Gliedern sich tummelt
Wie sie der Schneeadler tritt im Flug.

From salt-lipped beak to the kick of the stern
Sing how the seal has kissed her dead!
The long, laid minute's bride drifts on
Old in her cruel bed.

Over the graveyard in the water
Mountains and galleries beneath
Nightingale and hyena
Rejoicing for that drifting death

Sing and howl through sand and anemone
Valley and sahara in a shell,
Oh all the wanting flesh his enemy
Thrown to the sea in the shell of a girl

Is old as water and plain as an eel;
Always good-bye to the long-legged bread
Scattered in the paths of his heels
For the salty birds fluttered and fed

And the tall grains foamed in their bills;
Always good-bye to the fires of the face,
For the crab-backed dead on the sea-bed rose
And scuttled over her eyes,

The blind, clawed stare is cold as sleet.
The tempter under the eyelid
Who shows to the selves asleep
Mast-high moon-white women naked

Walking in wishes and lovely for shame
Is dumb and gone with his flame of brides.
Sussanah's drowned in the bearded stream
And no-one stirs at Sheba's side

Vom Salzlippenschnabel bis zum stoßenden Heck
Sing du: der Seehund küßte sie tot,
Die lange Braut die liegt ausgestreckt
Und treibt alt im grausamen Bett.

Über den Totenacker der Wasser-
Berge und -stollen tief unter dem Laut
Der Nachtigall und der Hyäne die jubeln
Über diesen treibenden Tod

Sing durch den Sand, durch die Windblumen weine:
In einer Muschel Sahara und Tal!
O all das klaffende Fleisch, seine Feindin
Wird als Muschelmädchen dem Meer zuteil

Und ist alt wie Wasser und klar wie ein Glasaal;
Immer leb wohl, langbeiniges Brot
Verstreut um seine Fersen als Labsal,
Denn die Salzvögel flatterten fraßbereit

Und die schlanken Körner schäumten in Schnäbeln;
Feuer des Sehens, lebt wohl! denn es stiegen
Vom Meeresgrund krabbenrückig die Toten
Und huschten ihr über die Augen.

Ihr Stieren, zerkrallt und blind, friert wie Schloßen.
Unterm Augenlid der Versucher, der zeigt
Den Schläfern in ihren Herzen die großen
Masthohen mondweißen Frauen nackt

Wandelnd in Wünschen und lieblich vor Scham,
Ist verstummt und verbrannt in der Brunst seiner Bräute:
Susanna ertrunken im bärtigen Strom
Und keiner regt sich an Sabas Seiten

But the hungry kings of the tides;
Sin who had a woman's shape
Sleeps till silence blows on a cloud
And all the lifted waters walk and leap.

Lucifer that bird's dropping
Out of the sides of the north
Has melted away and is lost
Is always lost in her vaulted breath,

Venus lies star-struck in her wound
And the sensual ruins make
Seasons over the liquid world,
White springs in the dark.

Always good-bye, cried the voices through the shell,
Good-bye always for the flesh is cast
And the fisherman winds his reel
With no more desire than a ghost.

Always good luck, praised the finned in the feather
Bird after dark and the laughing fish
As the sails drank up the hail of thunder
And the long-tailed lightning lit his catch.

The boat swims into the six-year weather,
A wind throws a shadow and it freezes fast.
See what the gold gut drags from under
Mountains and galleries to the crest!

See what clings to hair and skull
As the boat skims on with drinking wings!
The statues of great rain stand still,
And the flakes fall like hills.

Als die hungrigen Könige der Gezeiten;
Die Sünde die hatte die Form eines Weibes
Schläft bis das Schweigen bläst in die Wolken
Und die Wasser wandeln und hüpfen und steigen.

Luzifer, dieser Vogelkot
Aus den Seiten des Nordwinds geboren,
Ist geschmolzen und immer verloren und tot,
In ihrem Atem immer verloren.

In ihrer Wunde, vom Stern gefällt
Liegt Venus. Ruinen der Sinnlichkeit
Bringen heiße Zeiten zur flüssigen Welt,
Springquellen weiß in der Dunkelheit.

Immer leb wohl, schrien die Stimmen durch die Muschel
Leb wohl für immer denn das Fleisch ist verwest
Und der Mann der Fischer dreht seine Haspel
Mit nicht mehr Begierde als ein Geist.

Immer viel Glück, sangen Flossen in Federn
Vogel bei Nacht und lachender Fisch
Und die Segel tranken den Hagel des Donners
Seine Beute war hell vom langschwänzigen Blitz.

Das Boot schwimmt hinein ins Sechsjahrewetter,
Ein Wind wirft den Schatten, der hart gefriert.
Schau was die Angelschnur unter den Bergen
Und Schächten herauf auf den Wogenkamm zerrt!

Schau was haftet an Haar und Schädel
Da das Boot dahinstreicht mit trinkenden Flügeln!
Die Denkmale großen Regens stehn still
Und die Flocken fallen wie Hügel.

Sing and strike his heavy haul
Toppling up the boatside in a snow of light!
His decks are drenched with miracles.
Oh miracle of fishes! The long dead bite!

Out of the urn the size of a man
Out of the room the weight of his trouble
Out of the house that holds a town
In the continent of a fossil

One by one in dust and shawl,
Dry as echoes and insect-faced,
His fathers cling to the hand of the girl
And the dead hand leads the past,

Leads them as children and as air
On to the blindly tossing tops;
The centuries throw back their hair
And the old men sing from newborn lips:

Time is bearing another son.
Kill Time! She turns in her pain!
The oak is felled in the acorn
And the hawk in the egg kills the wren.

He who blew the great fire in
And died on a hiss of flames
Or walked on the earth in the evening
Counting the denials of the grains

Clings to her drifting hair, and climbs;
And he who taught their lips to sing
Weeps like the risen sun among
The liquid choirs of his tribes.

Schlag die Trommel und sing seinen schweren Fang
Der bäumt sich zur Bordwand im Lichtschneegleißen!
Sein ganzes Deck ist mit Wundern getränkt,
O wunderbarer Fischzug: Die längst tot sind die beißen!

Heraus aus der Urne so groß wie ein Mann
Heraus aus dem Raum so schwer wie seine Sorgen
Heraus aus dem Haus das enthält eine Stadt
Im Erdteil eines Fossils verborgen

Steigen einer um einen aus dem Staub ihrer Kammern
Trocken wie Echos, insektengesichtig
Seine Väter die sich an die Mädchenhand klammern
Und die tote Hand führt die Vergangenen richtig

Wie Luft und wie Kinder das letzte Stück
Auf die Wirbel der Wogen die blindlings schwappen.
Die Jahrhunderte werfen ihr Haar zurück
Und sie singen mit neugeborenen Lippen:

»Die Zeit trägt wiederum einen Sohn!
Töte die Zeit die sich windet in Nöten!
In der Eichel fällt man den Eichbaum schon
Und der Habicht im Ei muß den Zaunkönig töten!«

Er der das große Feuer entfachte
Und starb im Zischen der Flammen
Oder ging umher auf der Erde vor Nacht
Und zählte die Verweigerung der Samen

Umklammert ihr treibendes Haar und klettert;
Und der ihre Lippen lehrte zu singen
Weint wie die auferstandene Sonne
Unter flüssigen Chören aus all seinen Stämmen.

The rod bends low, divining land,
And through the sundered water crawls
A garden holding to her hand
With birds and animals

With men and women and waterfalls
Trees cool and dry in the whirlpool of ships
And stunned and still on the green, laid veil
Sand with legends in its virgin laps

And prophets loud on the burned dunes;
Insects and valleys hold her thighs hard,
Time and places grip her breast bone,
She is breaking with seasons and clouds;

Round her trailed wrist fresh water weaves,
With moving fish and rounded stones
Up and down the greater waves
A separate river breathes and runs;

Strike and sing his catch of fields
For the surge is sown with barley,
The cattle graze on the covered foam,
The hills have footed the waves away,

With wild sea fillies and soaking bridles
With salty colts and gales in their limbs
All the horses of his haul of miracles
Gallop through the arched, green farms,

Trot and gallop with gulls upon them
And thunderbolts in their manes.
O Rome and Sodom To-morrow and London
The country tide is cobbled with towns,

Die Rute neigt sich, errät schon Land,
Und durch die geteilten Wasser kriecht her
Ein Garten der hält sich an ihre Hand
Mit Vögeln und Getier

Mit Männern und Frauen und Wasserfällen
Kühlen trockenen Bäumen im Schiffsstrudel groß
Und geschlagen auf grünen Schleiern von Wellen
Sand mit Sagen im Mädchenschoß

Und Propheten laut auf verbrannten Dünen.
Insekten und Täler halten fest ihre Seiten
Da Zeit und Orte ihr Brustbein umklammern
Und sie trägt Wolken und Jahreszeiten.

Mit flinken Fischen und runden Kieseln
Spielt Süßwasser um ihren hangenden Rist;
Auf und ab durch die größeren Wogen rieselt
Ein anderer Strom der atmet und fließt.

Schlag und sing seinen Fang von Feldern
Denn der Schaum ist mit Gerste besät und bestellt!
Das Vieh grast auf den bedeckten Wellen
Den Füßen der Hügel räumten Wogen das Feld.

Mit wilden Seefüllen und triefendem Zaumzeug
Mit Fohlen voll Salztau und Fesseln voll Stürmen
Galoppieren die Pferde seines Fanges voll Wundern
Durch die Bogen und Wogen der grünen Farmen

Und traben mit Möwen die auf ihnen landen,
Mit Donnerkeilen in ihren Mähnen:
O Rom! o Sodom von morgen! o London!
Die Landflut ist gepflastert mit Städten.

And steeples pierce the cloud on her shoulder
And the streets that the fisherman combed
When his long-legged flesh was a wind on fire
And his loin was a hunting flame

Coil from the thoroughfares of her hair
And terribly lead him home alive
Lead her prodigal home to his terror,
The furious ox-killing house of love.

Down, down, down, under the ground,
Under the floating villages,
Turns the moon-chained and water-wound
Metropolis of fishes,

There is nothing left of the sea but its sound,
Under the earth the loud sea walks,
In deathbeds of orchards the boat dies down
And the bait is drowned among hayricks,

Land, land, land, nothing remains
Of the pacing, famous sea but its speech,
And into its talkative seven tombs
The anchor dives through the floors of a church.

Good-bye, good luck, struck the sun and the moon,
To the fisherman lost on the land.
He stands alone at the door of his home,
With his long-legged heart in his hand.

Ein Kirchturm spießt von ihrer Schulter die Wolke,
Und die Straßen die der Fischer durchkämmte
Als sein langbeiniges Fleisch ein brennender Wind war
Der seine Lenden zur Jagd entflammte

Kriechen schlängelnd aus Durchfahrten ihrer Locken
Und führen ihn heim bei lebendigem Leibe
Ihren Verlorenen Sohn zu seinem Schrecken
Dem wütenden Ochsenschlachthaus der Liebe.

Unten, unten, unten im Grund,
Unter den Dörfern die schwimmen
Kreist mondgekettet im Wasserrund
Die Mutterstadt der Fische

Unter der Erde geht laut die See um
Nur ihr Rauschen ist oben immer noch neu;
Das Boot stirbt in Totenbetten von Gärten
Und der Köder ertrinkt im trockenen Heu

Land, Land, Land, und nichts mehr bleibt über
Vom berühmten Seegang als nur sein Geraun.
In der See geschwätzige sieben Gräber
Taucht der Anker durchs Schiff einer Kirche ein.

Leb wohl! viel Glück! schlugen Sonne und Mond
Dem Mann, dem Fischer, verloren an Land.
Er steht allein vor der Tür wo er wohnt,
Sein langbeiniges Herz in der Hand.

Fern Hill

Now as I was young and easy under the apple boughs
About the lilting house and happy as the grass was green,
   The night above the dingle starry,
     Time let me hail and climb
   Golden in the heydays of his eyes,
And honoured among wagons I was prince of the apple
                                   [towns
And once below a time I lordly had the trees and leaves
    Trail with daisies and barley
  Down the rivers of the windfall light.

And as I was green and carefree, famous among the
                                       [barns
About the happy yard and singing as the farm was home,
   In the sun that is young once only,
     Time let me play and be
   Golden in the mercy of his means,
And green and golden I was huntsman and herdsman,
                                    [the calves
Sang to my horn, the foxes on the hills barked clear and
    And the sabbath rang slowly   [cold,
  In the pebbles of the holy streams.

Fern Hill

Als ich noch jung war und leicht unter den Apfelzweigen
Rund um das trällernde Haus, und so glücklich war wie
                                        [das Gras grün
   Und die Nacht überm Talgrund voll Sternen,
     Ließ Schwager Zeit mich Holla rufen und klettern
   Golden in seiner Augen Erntezeit,
Und geehrt bei den Heuwagen war ich der Prinz der
                                        [Apfelstädte
Und einmal vor tiefer Zeit gebot ich den Bäumen und
   Mit Maßliebchen und Gerste   [Blättern
  Die Flüsse des unreif fallenden Lichtes hinunterzuziehn.

Und als ich grün war und sorglos, berühmt bei den
                                        [Scheunen
Rund um den lustigen Hof, und so singend wie ich zu
   In der Sonne, die einmal nur jung ist,   [Haus war,
    Ließ Schwager Zeit mich spielen und sein
   Golden in der Gnade seiner Kräfte,
Und grün und golden war ich Jäger und Hirt, die Kälber
Sangen zu meinem Horn, auf den Hügeln die Füchse
                                        [bellten klar und kalt,
   Und der Sabbat läutete langsam
  In den Kieseln der heiligen Bäche.

All the sun long it was running, it was lovely, the hay
Fields high as the house, the tunes from the chimneys,
   And playing, lovely and watery   [it was air
     And fire green as grass.
   And nightly under the simple stars
As I rode to sleep the owls were bearing the farm away,
All the moon long I heard, blessed among stables, the
   Flying with the ricks, and the horses   [nightjars
    Flashing into the dark.

And then to awake, and the farm, like a wanderer white
With the dew, come back, the cock on his shoulder: it
   Shining, it was Adam and maiden,   [was all
    The sky gathered again
   And the sun grew round that very day.
So it must have been after the birth of the simple light
In the first, spinning place, the spellbound horses walking
   Out of the whinnying green stable   [warm
    On to the fields of praise.

And honoured among foxes and pheasants by the gay house
Under the new made clouds and happy as the heart was long,
   In the sun born over and over,
    I ran my heedless ways,
   My wishes raced through the house high hay
And nothing I cared, at my sky blue trades, that time
                         [allows
In all his tuneful turning so few and such morning songs
   Before the children green and golden
    Follow him out of grace,

Die ganze Sonne lang war es Rennen und war es fröhlich,
[die Heu-
Felder hoch wie das Haus, aus den Schornsteinen Lieder,
Und Spielen, Wasser und Funkeln   [und Luft war
Und Feuer grün wie Gras.
Und nachts, unter den einfachen Sternen
Wenn ich schlafen ritt, trugen die Eulen den Hof davon,
Den ganzen Mond lang hörte ich, benedeit bei den Ställen
[die Nachtschwalben
Fliegen mit Heuschobern, und die Pferde
Flitzten ins Dunkel.

Und dann zu erwachen, und der Hof, wie ein Wandrer
[vom Tau
Weiß, wieder da, mit dem Hahn auf der Schulter. Das
Leuchten, das war Adam und junge Frau,   [war alles
Der Himmel wieder gesammelt
Und die Sonne wurde am selben Tage rund.
So muß es gewesen sein nach des einfachen Lichtes Geburt
Am ersten Ort, wo man spann, als die Pferde, bezaubert
[und warm
Hinausgingen aus dem Wiehern des grünen Stalles
Auf die Felder voll Dank.

Und geehrt bei Füchsen und Fasanen ums lustige Haus,
Unter neugemachten Wolken und so glücklich wie das Herz
In der Sonne geboren wieder und wieder,   [lang war,
Lief ich meiner achtlosen Pfade.
Meine Wünsche jagten durchs haushohe Heu,
Und mir lag nichts dran, himmelblau wie ich war, warum
[Schwager Zeit
In all seinem schallenden Walten so wenig und nur
[solche Morgenlieder
Erlaubt, bevor die Kinder grün und golden
Ihm folgen fort aus der Gnade,

Nothing I cared, in the lamb white days, that time would
[take me
Up to the swallow thronged loft by the shadow of my hand,
  In the moon that is always rising,
    Nor that riding to sleep
  I should hear him fly with the high fields
And wake to the farm forever fled from the childless land.
Oh as I was young and easy in the mercy of his means,
    Time held me green and dying
  Though I sang in my chains like the sea.

Mir lag nichts dran, in den lammweißen Tagen, daß
                              [Schwager Zeit mich hinauf
Zum Schwalbenschlag führen würde am Schatten meiner
  Im Mond, der immerzu steigt,   [Hand
     Noch, daß ich ihn beim Schlafenreiten je
     Fliegen hören würde mit hohen Feldern
Und erwachen und finden den Hof für immer entflohen
                              [dem kindlosen Land.
Oh, als ich jung war und leicht in seiner gewaltigen
                                   [Kräfte Gnade,
     Hielt Schwager Zeit mich, grün und sterbend,
     Ob ich auch sang in meinen Ketten wie die See.

Nachwort des Übersetzers

Dylan Thomas wurde 1914 in Swansea in Wales geboren und starb 1953 auf einer Vortragsreise in New York. Seinen ersten Gedichtband, *Eighteen Poems,* veröffentlichte er mit zwanzig Jahren; seinen letzten *Collected Poems,* in dem er alles zusammenfaßte, was ihm in seinen anderen Gedichtbänden gut schien, im Jahr vor seinem Tod. Die hier übersetzten Gedichte sind diesem Sammelband entnommen, in der von Dylan Thomas bestimmten Reihenfolge, die ungefähr der ihrer Entstehung entspricht.

Obwohl Thomas erst unmittelbar nach seinem Tod, durch den großen Publikumserfolg seines Hörspiels *Under Milk Wood,* weltberühmt wurde (in meiner Übersetzung als *Unter dem Milchwald* auch in Deutschland bekannt), hielten ihn viele informierte englische und amerikanische Dichter und Kritiker schon seit Jahren für den bedeutendsten jüngeren englischen Lyriker. Obwohl seine ersten Gedichte schon vor mehr als drei Jahrzehnten erschienen, in denen der größte Teil der Lyrik, die damals in England in Schwung stand, veraltet ist oder zum bloßen Zeitdokument und Literaturfossil wurde, sind die Verse von Dylan Thomas heute noch mindestens so lebendig wie damals. Sie sind zugleich moderne Lyrik geblieben und klassisch geworden. Auch Dylan Thomas selbst ist für das englische Volk heute so sehr Bild und Legende des Dichters an sich, wie vielleicht ein Jahrhundert vor seiner Zeit Byron und Shelley, seither aber kein englischer Dichter.

Es ist schwer, die Eigenart der Verse von Dylan Thomas nicht ihren Zauber zu nennen. Das sonst abgebrauchte Wort trifft hier zu. Das Ineinander von kunstvollem Versbau, Assonanzen, Reimen, Halbreimen und assoziativen Querverbindungen ähnlich klingender Worte hat etwas vom Surrealismus und etwas von alten lyrischen und hymnischen Traditionen der engeren walisischen Heimat des Dichters. Es wendet sich nicht nur ans Bewußtsein, sondern sucht durch unterschwellige Querstollen und Obertöne gleichzeitig kurze Wege zum Unbewußten.

Eine solche Technik, öfters angewendet, könnte leicht zur bloßen Manier werden. Bei Thomas aber entspringt sie der Erkenntnis, daß sein eigenes Denken und seine Fantasie wirklich mit solchen Querverbindungen arbeiten. So ist das Wortspiel und das besonders charakteristische Kunstmittel, dichterische Bilder und Symbole ineinanderzuschieben wie die Rohre eines Teleskops (das tatsächlich auch von der englischen Literaturkritik als *telescoping of images* bezeichnet wurde), für Dylan Thomas zur Möglichkeit geworden, durch neue, teils alogische Querverbindungen eine Intensitätssteigerung zu erzielen, die nicht darauf aus ist, dem Instrumentarium dichterischer Ausdrucksmittel einige besonders wirksame Kniffe hinzuzufügen, sondern die Intensität und Verzahntheit der eigenen Fantasie durch Entsprechungen in den Worten wiedergeben will.

Obwohl Dylan Thomas zum Unterschied von vielen anderen neueren englischen und amerikanischen Dichtern keine Bildungslyrik geschrieben hat, war er doch weiter aufgeschlossen für Zeiteinflüsse literarischer und nichtliterarischer Art, als dies etwa unter vielen seiner deutschen Zeitgenossen üblich war. Neben Freud und James Joyce finden sich Einflüsse, die von der mittelalterlichen englischen und walisischen Dichtung bis zu E. E. Cummings reichen.

Aber gerade die besonderen Vorzüge der Gedichte von Dylan Thomas machen diese Verse so gut wie unübersetzbar. Das Zusammentreffen schlagender Wortspiele mit sorglich erarbeiteten Vers- und Reimformen, die alogischen Querverbindungen bei gleichzeitiger Aufrechterhaltung der Syntax, das alles macht die genaue Wiedergabe in einer anderen Sprache ohne Verarmung des dichterischen Textes fast unmöglich. Ich habe deshalb, ohne mir mit allzu »freien Nachdichtungen« zu helfen, doch, um die Dichte dieser Verse nicht zu verdünnen, oft von einer philologisch genauen Übersetzung Abstand genommen. Wortspiele oder Anklänge, die sich nicht genau dort reproduzieren ließen, wo sie sich bei Thomas finden, habe ich zuweilen um einige Worte, ja schlimmstenfalls sogar um ein, zwei Zeilen verschoben, wenn es nicht anders ging. Ebenso habe ich mir, da ich Thomas und seine Arbeitsmethode noch persönlich kannte, gelegentlich gestattet, dort, wo die Aufrechterhaltung eines Formprinzips ihm besonders wichtig gewesen sein dürfte, dieses Formprinzip sogar auf Kosten geringfügiger Veränderungen des Inhalts zu wahren. Die prinzipielle Zustimmung zu diesem Vorgehen habe ich noch von ihm selbst eingeholt. Natürlich habe ich mich bemüht, solche Abweichungen auf ein Mindestmaß zu beschränken, und ich glaube dem Original immer noch wesentlich näher geblieben zu sein, als es heute bei Lyrikübersetzungen üblich ist.

Eine noch wortgetreuere Übersetzung jedoch, die dafür aber auf die dichterische Form verzichtet hätte, wäre nicht nur Dylan Thomas selbst ein Greuel gewesen, sondern der bloße Gedanke einer anspruchslosen Interlinearversion führt sich bei ihm schon dadurch ad absurdum, daß ihm die assoziativen und klanglichen Querverbindungen nicht minder wichtig waren als die durch Wortfolge und Syntax gegebenen Zusammenhänge.

Obwohl ich grundsätzlich immer für möglichst große Annäherung an das Original bin (was ich zum Beispiel bei meinen Übersetzungen von Shakespeare-Dramen verfechte), ist es gerade in den Versen von Thomas manchmal unvermeidlich, sich scheinbar vom Original zu entfernen. So habe ich im Gedicht *Fern Hill* das Wort *time* zuerst mit *Augenblick* übersetzt, dann, nach jahrelangem Überlegen, mit *Schwager Zeit* (der Anklang an Schwager Chronos dürfte deutlich sein). Dies scheint mir notwendig, weil in dem Gedicht die Zeit unbedingt personifiziert und männlichen Geschlechtes sein muß. Wo immer ich in anderen Gedichten scheinbar vom Text abgewichen bin, waren ähnliche Erwägungen entscheidend. Ebenso verfuhr ich in *Should lanterns shine*.

An *Fern Hill* und noch einigen der hier vorgelegten Übersetzungen habe ich jahrelang gearbeitet und erst nach einer großen Anzahl verschiedener Fassungen meine Entscheidung getroffen. An der *Ballade vom langbeinigen Köder,* einer seiner größten Dichtungen, die von den Engländern neben Rimbauds *Trunkenes Schiff* und Blocks *Die Zwölf* gestellt wird, habe ich zwölf Jahre gearbeitet. Dylan Thomas selbst hat übrigens, namentlich in seinen späteren Jahren, von einem einzigen Gedicht oft dreißig oder mehr Fassungen angefertigt, ehe er sich für eine endgültige Fassung entschied.

Erich Fried

Inhalt

HEYNE
LYRIK

HEYNE BIOGRAPHIEN

Die Großen der Weltgeschichte – Politik · Kultur Wissenschaft

Ludwig Marcuse
SIGMUND FREUD
Das Geheimnis Mensch

12/98 - DM 8,80

Christopher Herold
MADAME DE STAËL
Dichterin und Geliebte

12/99 - DM 10,80

Das große Buch der Weisheiten und Aphorismen

09/100 - DM 9,80

DAS GROSSE HAUSBUCH DER FESTE UND FEIERN

09/95 - DM 10,80

HEYNE EX LIBRIS

Bibliophile Taschenbücher – ideale Geschenke

HEYNE LYRIK

Die erste Taschenbuchreihe moderner Lyrik

ALLEN GINSBERG
GÄRTEN DER ERINNERUNG

29/3 - DM 5,80

GÜNTER KUNERT
ERINNERUNG AN EINEN PLANETEN

29/27 - DM 5,80

*Die Großen der
Weltgeschichte –
Politik · Kultur
Wissenschaft*

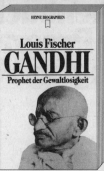

HEYNE BIOGRAPHIEN

Louis Fischer
GANDHI
Prophet der Gewaltlosigkeit

12/109 - DM 9,80

HEYNE BIOGRAPHIEN

Roland Bainton
MARTIN LUTHER
Rebell für den Glauben

12/103 - DM 9,80

HEYNE BIOGRAPHIEN

Marcel Brion
JOHANN WOLFGANG v. GOETHE
Dichterfürst und Universalgelehrter

12/97 - DM 12,80

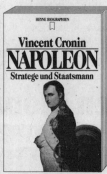

HEYNE BIOGRAPHIEN

Vincent Cronin
NAPOLEON
Stratege und Staatsmann

12/100 - DM 12,80

HEYNE BIOGRAPHIEN

Ingeborg Drewitz
BETTINE VON ARNIM
Romantik – Revolution – Utopie

12/56 - DM 7,80

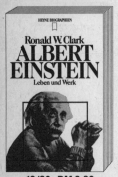

HEYNE BIOGRAPHIEN

Ronald W. Clark
ALBERT EINSTEIN
Leben und Werk

12/30 - DM 9,80

HEYNE BIOGRAPHIEN

Traugott Krischke
ÖDÖN VON HORVATH
Kind seiner Zeit

12/71 - DM 8,80

HEYNE BIOGRAPHIEN

Mary Lavater Sloman
ANNETTE VON DROSTE-HÜLSHOFF
Einsamkeit und Leidenschaft

12/77 - DM 9,80